书画成都

文房清供

四川博物院 编
魏学峰 主编

西南交通大学出版社·成都

图书在版编目（CIP）数据

文房清供 / 四川博物院编；魏学峰主编. —成都：
西南交通大学出版社，2019.6
ISBN 978-7-5643-6870-8

Ⅰ. ①文… Ⅱ. ①四… ②魏… Ⅲ. ①文化用品－介
绍－中国－古代－图录 Ⅳ. ①K875.42

中国版本图书馆 CIP 数据核字（2019）第 090918 号

文房清供

四川博物院　编　　魏学峰　主编

出 版 人　阳　晓
责任编辑　李晓辉
特邀编辑　杨　咏
封面设计　冯　超

西南交通大学出版社出版发行
印刷：成都市金雅迪彩色印刷有限公司

成品尺寸　285 mm × 285 mm
印张　12　字数　161 千
版次　2019 年 6 月第 1 版
印次　2019 年 6 月第 1 次

书号　ISBN 978-7-5643-6870-8
定价　120.00 元

图书如有印装质量问题　本社负责退换

『书画成都』编委会

主　编　魏学峰

副主编　梅锦辉

编　委　胡　蔚　李　媛　张玉丹
　　　　张　凯　吕　维

参与本书编撰人员

殷　红　何先红　向　野

策　划　四川博物院
　　　　成都市文化广电旅游局
　　　　成都文化发展促进会

文以载道 器可赏心

——魏学峰

在中国古代，文人非常留心于生活空间的营造，这是对幽远的个体生命和空间的探索。『结庐松竹之间，闲云封户；徙倚青林之下，花瓣沾衣。芳草盈阶，茶烟几缕；春光满眼，黄鸟一声。此时可以诗，可以画，而正恐诗不尽言，画不尽意。而高人韵士，能以片言数语尽之者，则谓之诗可，谓之画可，则谓高人韵士之诗画亦无不可。』（陈继儒《小窗幽记》）

『文房』一词最早出现于南北朝时期。随着艺术自觉时期的到来，文人雅士的社会地位日益提升，『文房清供』也称文玩或清玩，则是指文人书房那些表达文人高雅气息与悠然古意的物品。『斋中长桌一，古砚一，旧古铜水注一，旧窑笔格一，斑竹笔筒一，旧窑笔洗一，糊斗一，水中丞一，铜石镇纸一……壁间悬画一，书室中画惟二品，山水为上，花木次，鸟兽人物不与也。』明代高濂在《遵生八笺·燕闲清赏笺》中这样描述着先贤文房的雅设。关于文房清供，南宋赵希鹄在《洞天清录集》中将其细辨为古琴、古砚、古钟鼎彝器、怪石、砚屏、笔格、水滴、古翰墨真迹、古今石刻、古今纸花印色、古画等。

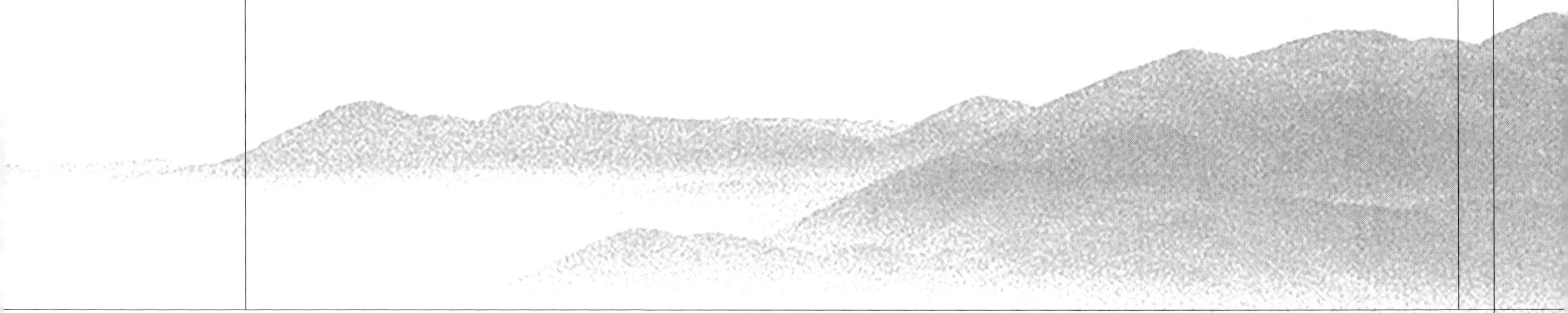

南宋林洪的《文房图赞》将文房用具十八种拟为十八学士。明初曹昭撰《格古要论》，将文房清玩分为十三类。明代屠隆《考槃余事·文房器具笺》列举了四十五种文玩。明代文震亨在《长物志》中汇集的文玩多达七十种。可以说，一部文玩的发展史，即是中国古代文人的风雅史。

唐宋时期，文房用器大量出现，但在中国古代历史上，真正能担得起风雅二字的，大概只有宋代。经过庄、禅哲学与理学的过滤和沉淀，宋人的审美情感已提升到极为纯净的程度。他们「点茶、焚香、插花、挂画」，通过日常生活中的「四事」，达到对心灵情境幽深透妙的观照，对宇宙万象体贴入微的辨识，对人生况味精细的品味。东坡得砚「抱眠三日」；米颠见石，每呼「石丈」；放翁则「青青菖蒲络奇石」……摩挲古器，让自己用智慧去体验生命的快乐。「水复山重客到稀，文房四士独相依。」宋代大量文玩的出现如秋叶之美，无一不显现宋人清韵绝俗的人格风尚。亦以之与清华的生命境界互相印证，加之自我观照、自我欣赏。赵希鹄在描述这种状态时，笔趣盎然地看到：『明窗净几，罗列布置。篆香居中，佳客玉立相映。时取古人妙迹以观，鸟篆蜗书，奇峰远水，摩挲钟鼎，亲见商周。端砚涌岩泉，焦桐鸣玉佩，不知身居人世，所谓受用清福，孰有逾此者乎？』这种清绝的情愫成为永恒之境。

明人延续了宋人稽古之风。明代文人结社雅集，好古敏求。特别是明中期以后，清客韵士更是怡情翰墨、醉意诗书。『宁为宇宙闲吟客，怕作乾坤窃禄人。』香光玄鉴名迹，衡山听玉赏琴，老莲醒石缥香……皆带来无限的生命安慰。明清书房是中国书房文化发展的顶峰时期，完整的书房文化体系就是在这个时期形成的。书房内的家具文玩陈设，则体现出明代文人崇尚自然，讲究精雅的审美风尚。一件件文玩，也成为这段历史文化的切片。

中国文人的初心，始终走不出那间小小的书房，这是文人雅士修性、守真、养心之处，也是他们用心营构的冥想空间。其中的雅器为文房赋予的内涵，就如一泓清泉，心中万象都在其中往复穿梭，从容舒卷，随意东西。这些物件，已经超越了收藏、珍视或宝爱的层次，而与文人雅士达到了物我合一的境界。『独坐闲无事，烧香赋小诗。』文人的心灵进入了光明莹洁、了无阴翳之境。几千年来，中国文人对这种境界和情调的追求大概是世界上独有的。

亲傍文房雅器，文人可积淀出忧乐互济、悲智双修的生命智慧，也体现出内在骨子里的风流。我们今天追溯那些致精的生活方式和闲雅情怀，就不难悟出，雅既是一种文化状态，也是一种精神状态。

目录

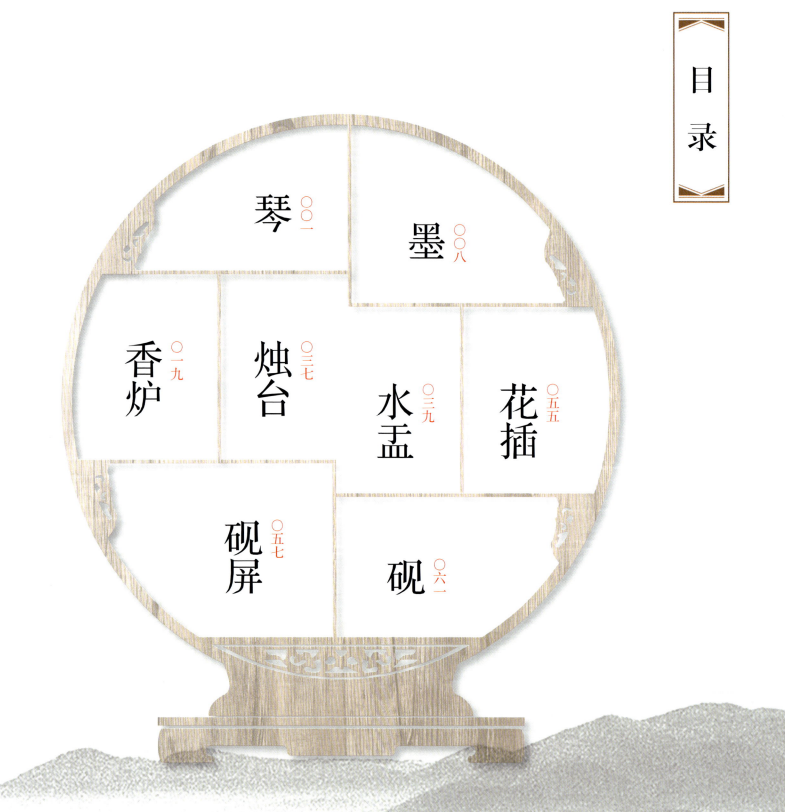

琴

QIN

水复山重客到稀
文房四士独相依

唐・石涧敲冰琴

身长 122. 9 厘米　肩宽 19.5 厘米　尾宽 14.9 厘米　厚 5.9 厘米

〖质地〗木

五代·引凤琴

身长 122. 4 厘米　肩宽 19.5 厘米　尾宽 14.3 厘米　厚 5.1 厘米

〖质地〗木

宋 · 竹寒沙碧琴

身长 120.5 厘米　肩宽 19.4 厘米　尾宽 14 厘米　厚 5.4 厘米

〖质地〗木

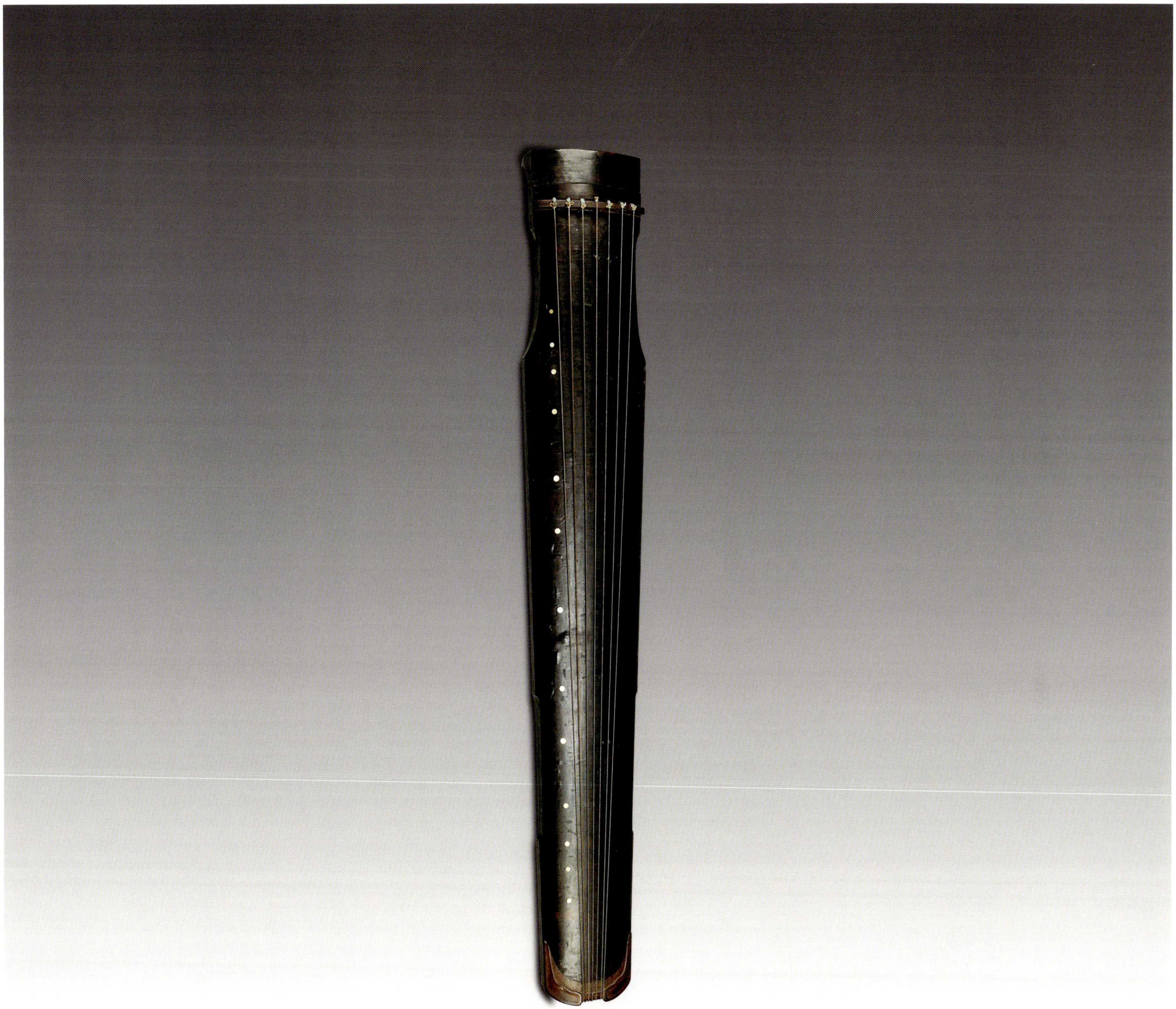

宋 · 诵余琴

身长 122.9 厘米　肩宽 19.1 厘米　尾宽 13.9 厘米　厚 5.3 厘米

〖质地〗木

明·花笑琴

身长 120.8 厘米　肩宽 16.8 厘米　尾宽 12.2 厘米　厚 4.8 厘米

〖质地〗木

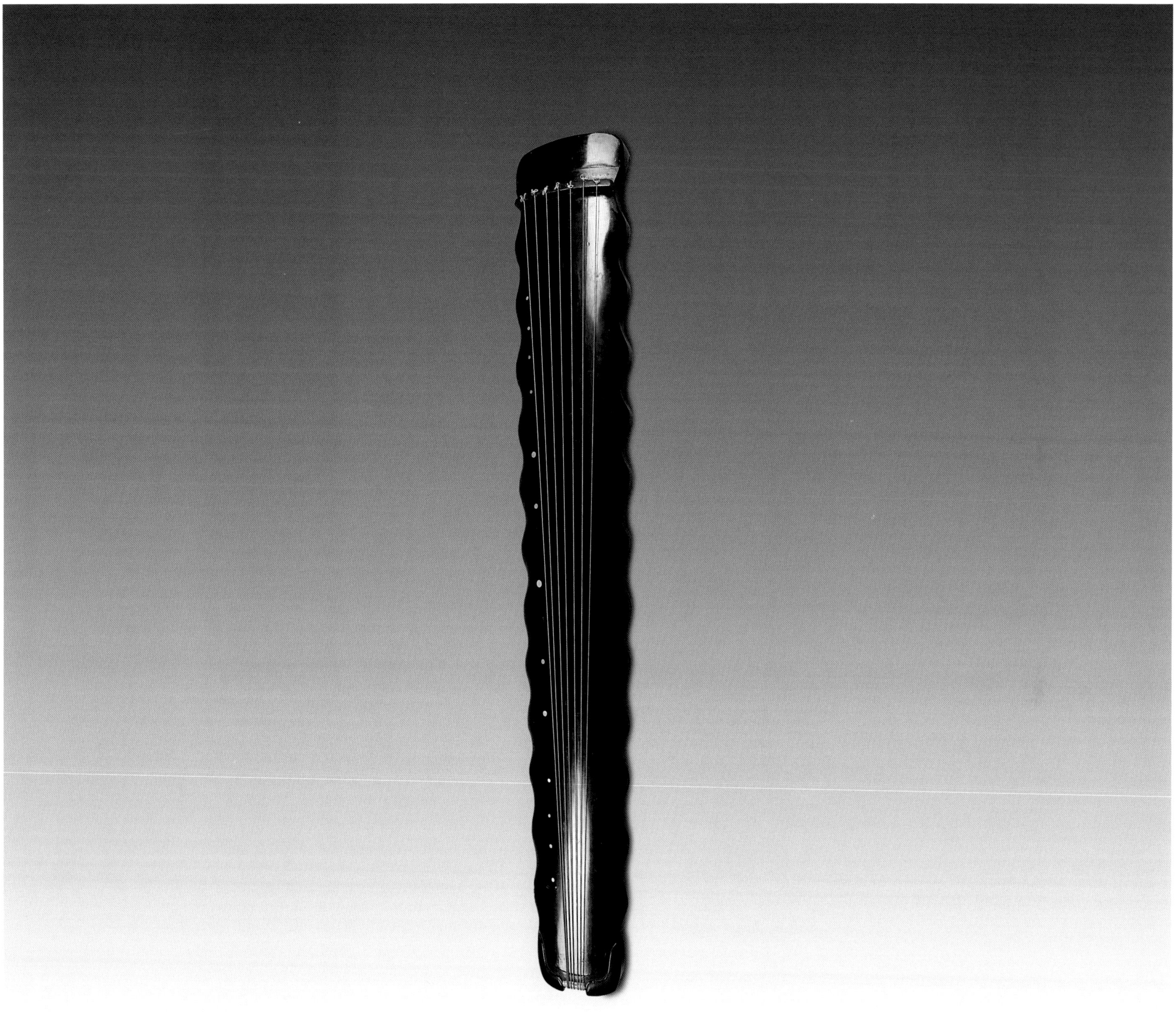

清 · 落霞琴

身长 124.4 厘米　肩宽 18.5 厘米　尾宽 12.4 厘米　厚 5.2 厘米

〖质地〗木

墨花香入砚
诗草色倾瓯

墨

MO

明·方于鲁墨　海日高升

盒　长 10.2 厘米　宽 8.7 厘米　厚 2.5 厘米

墨　长 7.1 厘米　宽 2.0 厘米　厚 0.5 厘米　长 7.2 厘米　宽 2.0 厘米　厚 0.5 厘米

〖质地〗其他无机质

明 · 方于鲁墨　北岳恒山赞

长 13.8 厘米　宽 7.6 厘米　厚 1.4 厘米

〖质地〗其他无机质

明·方于鲁墨　百子图

直径 12.3 厘米　厚 1.8 厘米

〖质地〗其他无机质

明 · 汪时茂墨　**书香**

盒　长 10.0 厘米　宽 8.0 厘米　厚 2.5 厘米

墨　长 5.5　厘米　宽 3.3　厘米　厚 0.5 厘米

〖质地〗其他无机质

明 · 汪时茂墨　**商彝**

盒　长 8.2 厘米　宽 6.5　厘米　厚 1.7 厘米

墨　长 5.0 厘米　宽 3.2　厘米　厚 0.8 厘米

〖质地〗其他无机质

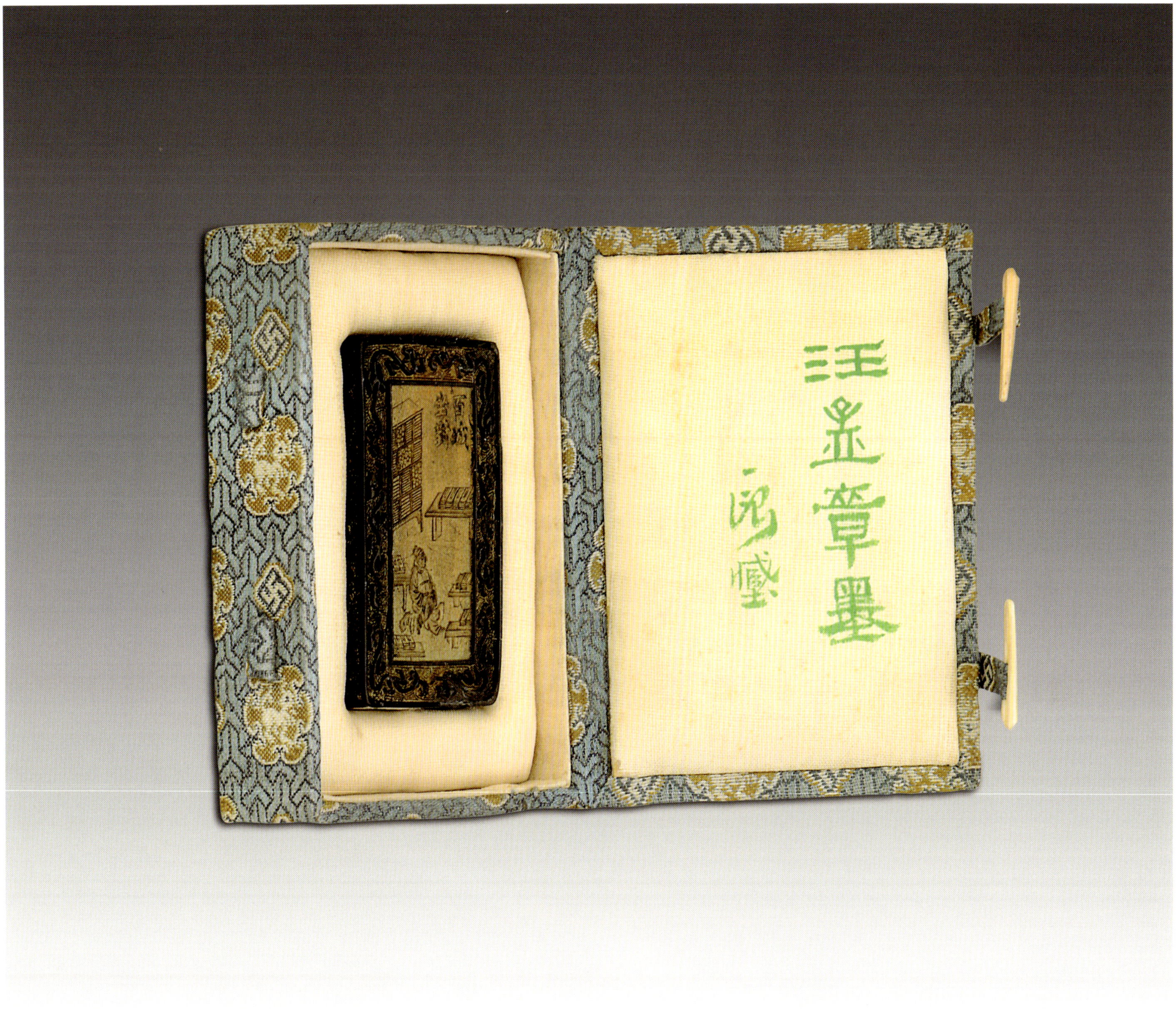

明 · 汪孟章墨　置身在琅嬛

盒　长 8.5 厘米　宽 6.5 厘米　厚 2.5 厘米

墨　长 5.5 厘米　宽 3.0 厘米　厚 0.5 厘米

〖质地〗其他无机质

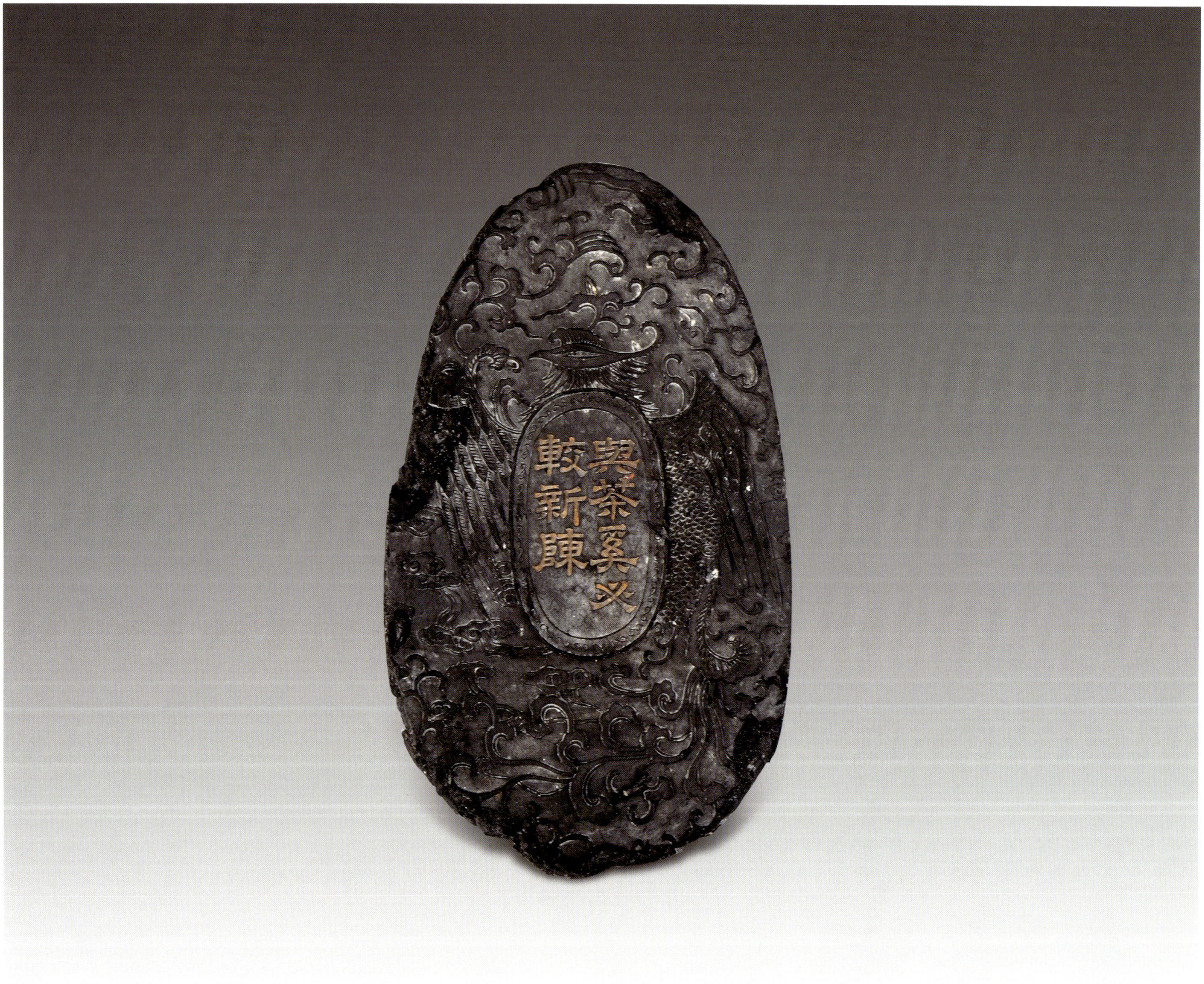

明·程君房墨　凤舞

长 10.8 厘米　宽 6.5 厘米　厚 1.3 厘米

〖质地〗其他无机质

清·汪希古墨　耕织

长 8.9 厘米　宽 2.9 厘米　厚 1.0 厘米

〖质地〗其他无机质

清·汪希古墨　山灶轻烟

盒　长 10.6 厘米　宽 5.8 厘米　厚 3.0 厘米

墨　长 6.5 厘米　宽 2.5 厘米　厚 0.5 厘米

〖质地〗其他无机质

清 · 吴天章墨　**龙宾十友**

盒　长 26.2 厘米　宽 10.5 厘米　厚 2.5 厘米

最大一块墨　长 11.2 厘米　宽 1.5 厘米　厚 0.5 厘米

〖质地〗其他无机质

清 · 苍佩室集锦墨

盒　长 21.5 厘米　宽 12.2 厘米　厚 3.3 厘米

墨　长 9.0 厘米　宽 2.0 厘米　厚 1.0 厘米

〖质地〗其他无机质

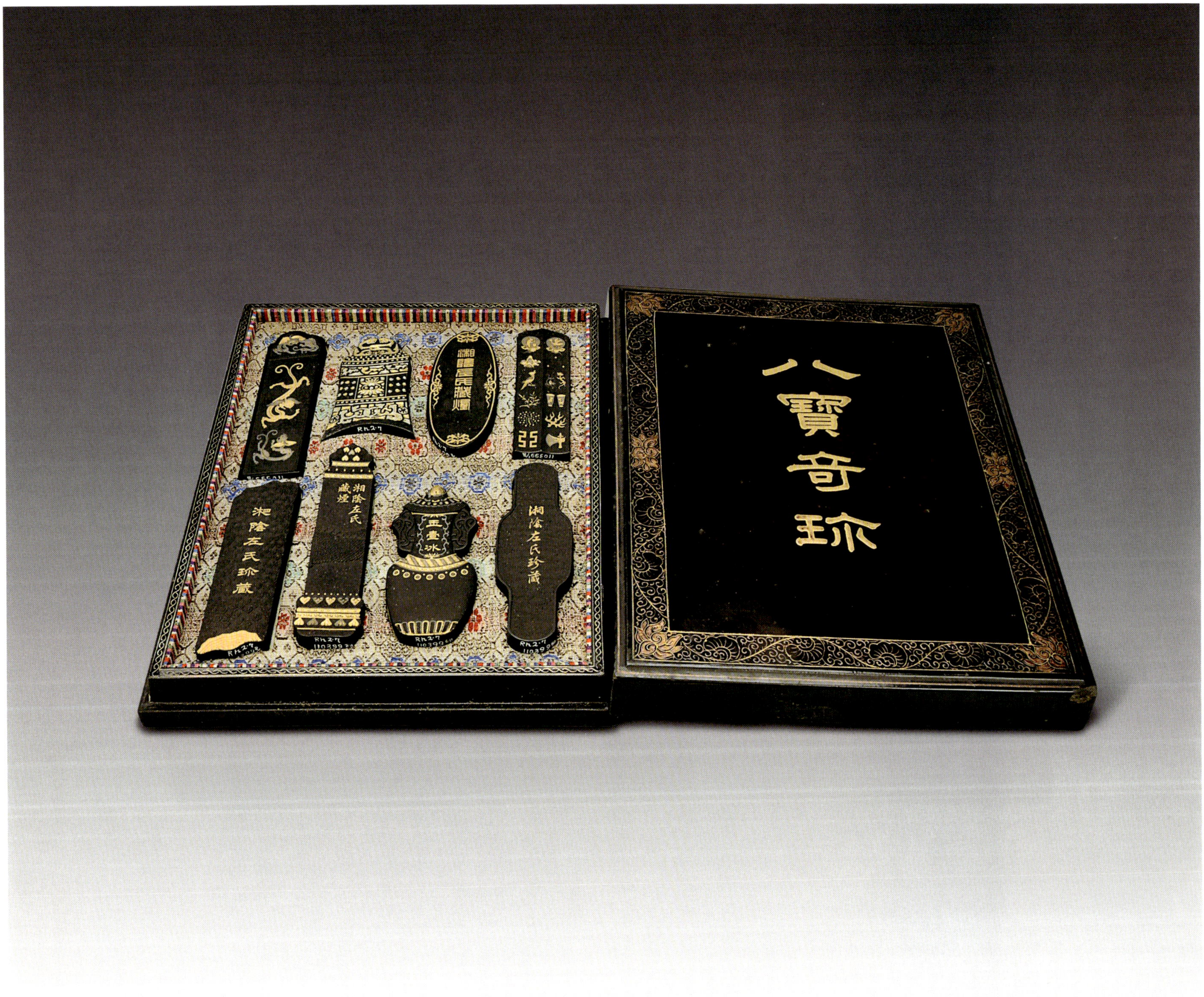

清·八宝奇珍墨

盒　长 29.0 厘米　宽 22.5 厘米　厚 4.2 厘米

最大一块墨　长 12.8 厘米　宽 3.2 厘米　厚 0.8 厘米

〖质地〗其他无机质

香炉

XIANG LU

平生大节堪为底
今日灰心始见渠

宋 · 双耳瓷香炉

高 8.0 厘米　底长 5.6 厘米　底宽 4.4 厘米

〖质地〗瓷

元・月白釉铁锈花带座瓷香炉

高 9.7 厘米　口径 4.5 厘米　底径 5.3 厘米

〖质地〗瓷

明·孔雀蓝釉蟠螭纹瓷香炉

高 21.2 厘米　口径 18.5 厘米

〖质地〗瓷

明·嘉靖青花莲鹤纹素狮钮瓷熏炉

高 39.4 厘米　腹围 23.0 厘米

〖质地〗瓷

明 · 隆庆豆青釉瓷香炉

高 10.8 厘米　口径 21.5 厘米

〖质地〗瓷

明 · 青花双龙赶珠纹瓷香炉

高 18.1 厘米　口径 23.9 厘米

〖质地〗瓷

明·德化窑白釉瓷香炉

高 6.6 厘米　口径 9.6 厘米　底径 9.5 厘米

〖质地〗瓷

清 · 德化窑白釉饕餮纹瓷炉

高 10.8 厘米　口径 14.4 厘米　足径 11.3 厘米

〖质地〗瓷

明・宣德款铜香炉

高 9.4 厘米　口径 12.7 厘米

〖质地〗铜

清·三足铜香炉

高 5.2 厘米　口径 3.8 厘米

〖质地〗铜

清·铜胎掐丝珐琅勾莲纹八卦双耳三足盖炉
高 29.3 厘米　口径 18.6 厘米
〖质地〗铜

清·乾隆款掐丝珐琅勾莲纹双耳三足炉

高 22.8 厘米　口径 11.9 厘米

〖质地〗铜

清・乾隆款掐丝珐琅勾莲纹香插

高 3.1 厘米　口径 10.8 厘米　底径 8.7 厘米

〖质地〗铜

清 · 少师太师兽耳翡翠三足炉

高 14.3 厘米　口径 8.4 厘米

〖质地〗玉

清 · 龙钮兽面纹青玉三足炉

高 13.0 厘米　口径 12.0 厘米

〖质地〗玉

清·荷塘鸳鸯纹孔雀石炉

高 14.6 厘米　口径 9.5 厘米

〖质地〗孔雀石

清・牙雕花熏

高 10.6 厘米　口径 2.2 厘米

〖质地〗骨角牙

烛台

ZHU TAI

韩家烛台倚林杪
千枝灿若山霞摛

清·海晏河清纹碧玉烛台

高 23.5 厘米　底座直径 12.1 厘米

〖质地〗玉

水盂

SHUI YU

巧剜明月染春水
轻施薄冰盛绿云

唐·邛窑陶水盂

高 3.5 厘米　口径 2.9 厘米　底径 3.7 厘米

〖质地〗陶

唐·邛窑瓜棱青灰釉陶水盂

高 6.5 厘米　口径 4.2 厘米

〖质地〗陶

宋·瓜棱白釉瓷水盂

高 8.7 厘米　口径 9.7 厘米　底径 6.0 厘米

〖质地〗瓷

宋 · 白釉瓷水盂

高 1.6 厘米　口径 3.9 厘米　底径 3.2 厘米

〖质地〗瓷

清·陈鸣远制陶水盂

高 3.9 厘米　口径和底径均为 5.6 厘米

〖质地〗陶

清 · 康熙豇豆红瓷太白尊

高 9.1 厘米　口径 3.6 厘米　足径 12.5 厘米

〖质地〗瓷

清・乾隆青花芦雁纹瓷水盂

高 5.8 厘米　口径 3.6 厘米　底径 6.0 厘米

〖质地〗瓷

清・嘉庆款五彩描金连盖瓷水盂

高 5.8 厘米　口长径 3.2 厘米　底长径 3.5 厘米

〖质地〗瓷

清 · 光绪仿明宣德青花瓷水盂

高 7.6 厘米　口径 5.7 厘米　底径 3.9 厘米

〖质地〗瓷

清·仿宣德青花瓷水盂

高 3.6 厘米　口径 6.5 厘米　足径 5.8 厘米

〖质地〗瓷

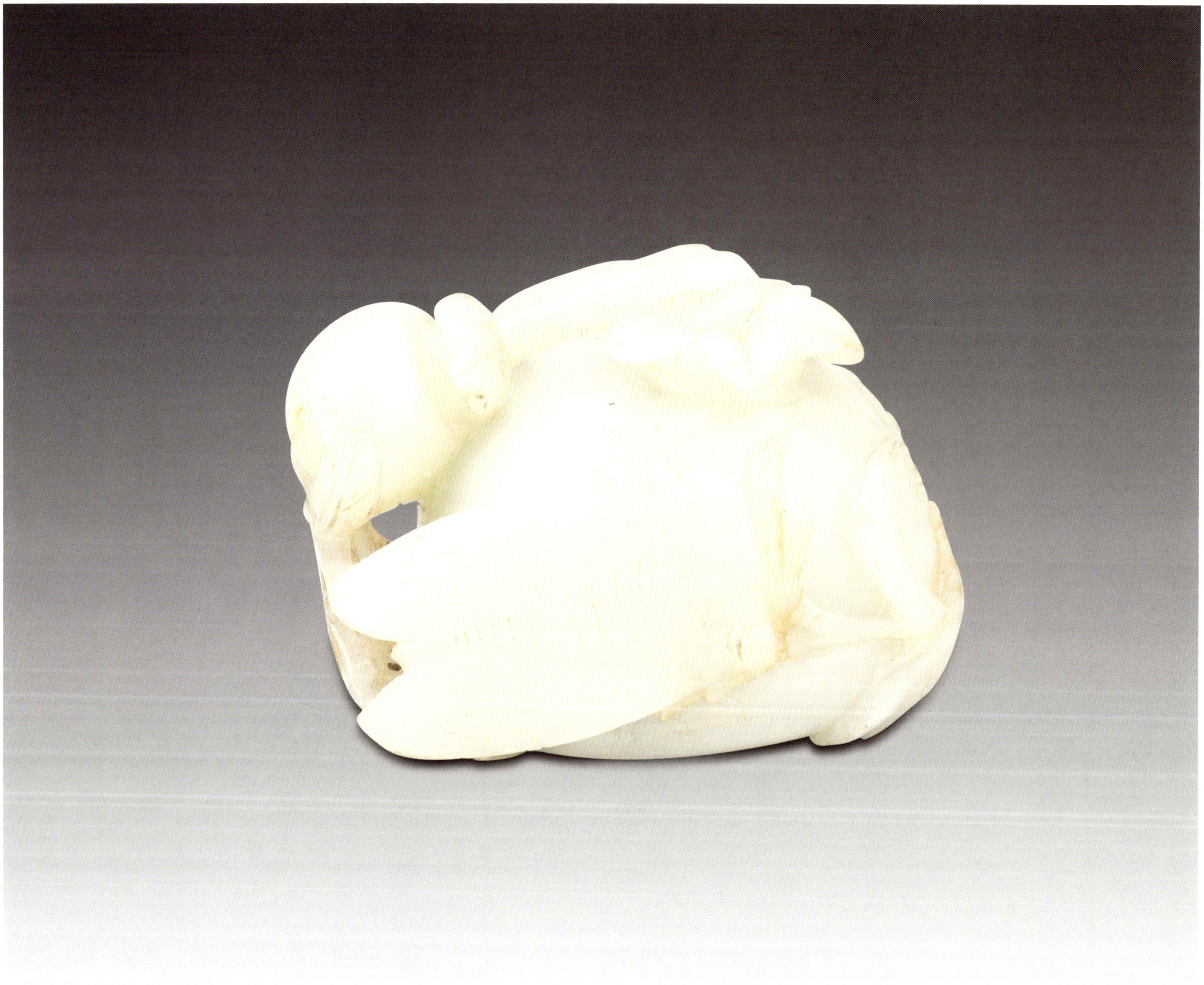

清・蝉纹石榴形玉水盂

高 4.8 厘米　最宽处 6.8 厘米

〖质地〗玉

清·镂空折枝蟠桃式玉水盂

高 6.0 厘米　最宽处 14.5 厘米

〖质地〗玉

清·榴桃式玉水盂

高 5.2 厘米　最宽处 11.0 厘米

〖质地〗玉

清·松竹根杯

长 12.0 厘米　宽 8.6 厘米　高 3.5 厘米

〖质地〗竹

近代·瘿木水盂

口径 10.8 厘米　高 5.9 厘米

〖质地〗木

花插

HUA CHA

浮梁巧烧瓷
颜色比琼玖

宋 · 龙泉窑豆青釉瓷五管花插

高 4.2 厘米　口径 14.5 厘米　足径 9.7 厘米

〖质地〗瓷

砚屏

YAN PING

其形方广盈尺间
造他施工常不及

民国 · 玉砚屏

长 16.7 厘米　宽 11.8 厘米

〖质地〗玉

近代·仿乾隆五彩瓷屏

高 14.0 厘米　直径 10.0 厘米　底长 6.8 厘米

〖质地〗瓷、木

近代·蓝地贴花瓷屏

长 23.0 厘米　宽 15.5 厘米

〖质地〗瓷、木

砚

YAN

五花连钱旋作水
幕中草檄砚水凝

唐 · 陶砚

高 3.6 厘米　口径 14.8 厘米

〖质地〗陶

唐 · 陶砚

高 1.5 厘米　口径 11.5 厘米

〖质地〗陶

唐·青釉多足瓷砚

高 1.7 厘米　口径 4.6 厘米　底径 5.0 厘米

〖质地〗瓷

唐・陶箕形字砚

长 9.0 厘米　高 2.8 厘米

〖质地〗陶

宋·歙石蝉形砚

砚　长 18.0 厘米　宽 11.0 厘米　厚 3.0 厘米

盒　长 18.5 厘米　宽 11.5 厘米　厚 5.0 厘米

〖质地〗石

宋·歙石眉子砚

长 13.3 厘米　宽 11.0 厘米　厚 1.3 厘米

〖质地〗石

南宋·端石抄手砚

长 19.4 厘米　宽 12.4 厘米　高 3.3 厘米

〖质地〗石

南宋·端石抄手砚

长 16.5 厘米　宽 10.2 厘米　高 5.0 厘米

〖质地〗石

南宋·陶抄手砚

长 23.0 厘米　宽 12.4 厘米　高 4.3 厘米

〖质地〗陶

南宋·歙石罗纹抄手砚

长 27.0 厘米　宽 13.0 厘米　高 7.0 厘米

〖质地〗石

南宋·青石抄手砚

长 24.4 厘米　宽 16.1 厘米　高 3.8 厘米

〖质地〗石

南宋・端石抄手砚

长 20.3 厘米　宽 12.7 厘米　高 5.2 厘米

〖质地〗石

明 · 澄泥瓦形砚

砚　长 24.3 厘米　宽 14.6 厘米　厚 4.0 厘米

盒　长 26.0 厘米　宽 17.0 厘米　厚 6.5 厘米

〖质地〗泥

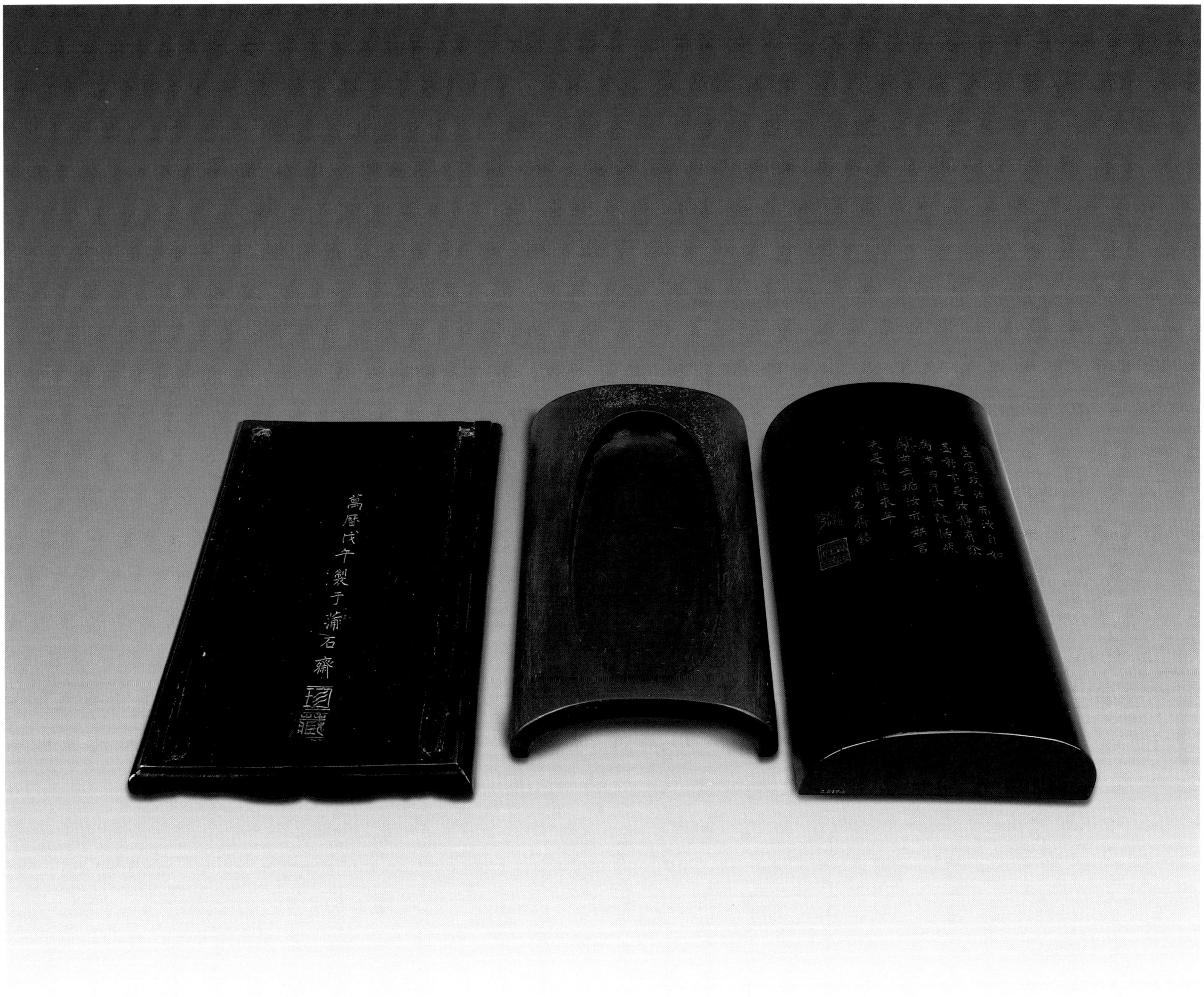

明 · 歙石瓦形眉子砚

砚　长 24.0 厘米　宽 14.3 厘米　厚 4.5 厘米

盒　长 26.0 厘米　宽 17.0 厘米　厚 8.5 厘米

〖质地〗石

清·淌池形砚

砚　长 16.0 厘米　宽 8.6 厘米　厚 1.0 厘米

盒　长 17.1 厘米　宽 10.0 厘米　厚 2.5 厘米

〖质地〗木

清·马荃款端石砚

长 13.0 厘米　宽 9.5 厘米　厚 1.5 厘米

〖质地〗石

清·镂空暖砚

长 7.1 厘米　宽 7.4 厘米　高 11.0 厘米

〖质地〗铜

笔

BI

凭君点出琉霞盏
去泛兰亭九曲泉

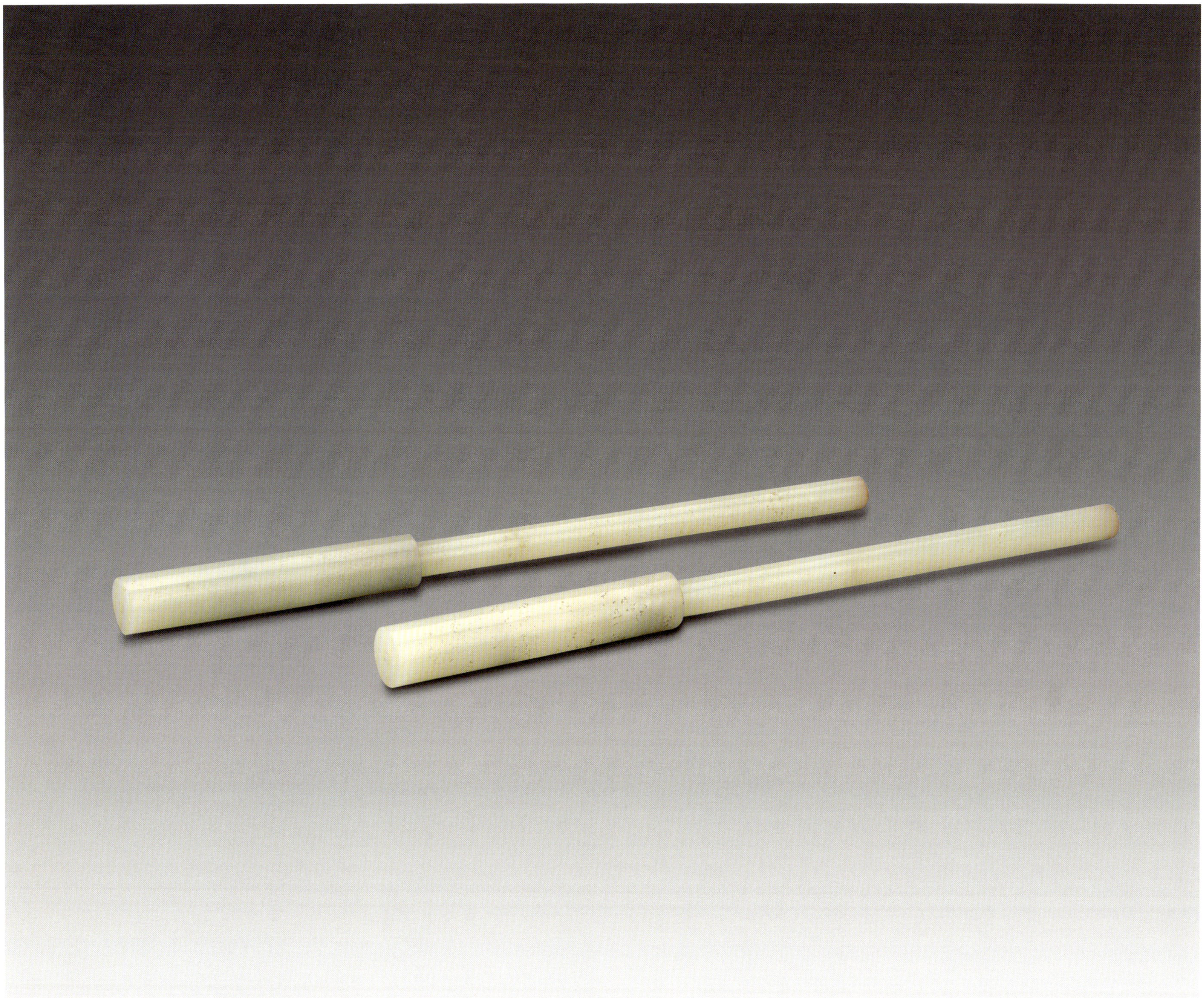

清 · 玉笔

长 22.5 厘米

〖质地〗玉

鎮紙

ZHEN ZHI

文木裁成体直方

高斋时伴校书郎

宋·童子形玉镇纸

高 2.5 厘米　长 6.0 厘米　宽 2.0 厘米

〖质地〗玉

宋·虎形玉镇纸

高 2.6 厘米　长 5.2 厘米　宽 2.3 厘米

〖质地〗玉

明·水牛形玉镇纸

高 2.7 厘米　长 7.0 厘米　宽 4.5 厘米

〖质地〗玉

清 · 嵌柿瓶纹玉镇纸

长 26.3 厘米　宽 6.4 厘米　厚 0.5 厘米

〖质地〗玉、木

清・翡翠镇纸

长 18.6 厘米　宽 2.5 厘米　厚 0.9 厘米

〖质地〗玉

清・玉镇纸

长 25.3 厘米　宽 2.2 厘米　厚 1.7 厘米

〖质地〗玉

清·菱角形玉镇纸

高 2.8 厘米　长 16.1 厘米　宽 4.5 厘米

〖质地〗玉

清·瓜蝶形玉镇纸

高 4.5 厘米　长 7.1 厘米　宽 4.1 厘米

〖质地〗玉

清·凤含牡丹纹玉镇纸

高 2.7 厘米　长 8.5 厘米　宽 4.5 厘米

〖质地〗玉

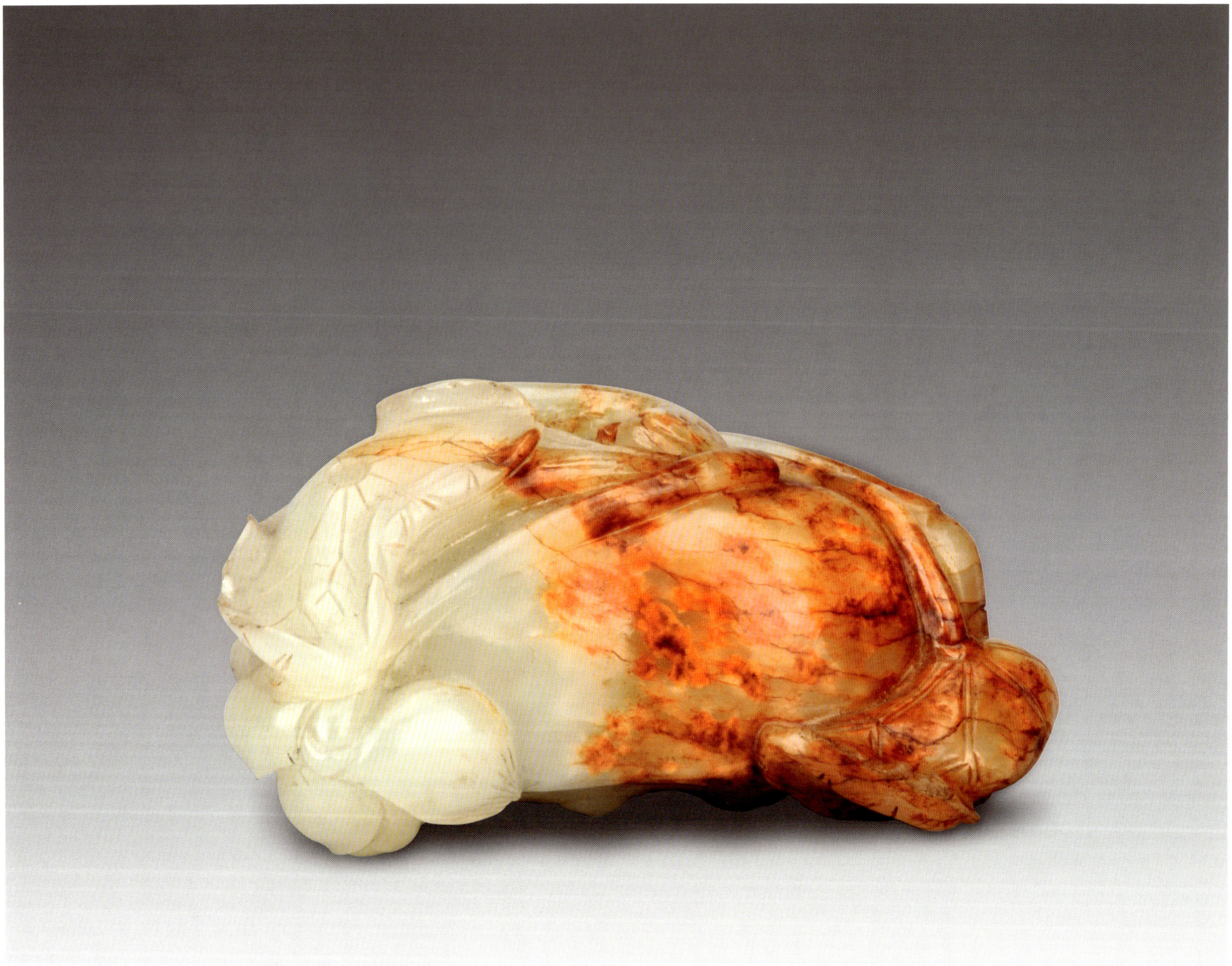

清·荷叶莲蓬式玉镇纸

高 4.5 厘米　长 8.6 厘米　宽 7.1 厘米

〖质地〗玉

清 · 竹节形玉镇纸

高 1.6 厘米　长 7.5 厘米　宽 4.1 厘米

〖质地〗玉

洗

XI

先唐诗人子韩子
落笔洗空千古士

南宋·龙泉窑豆青釉瓷洗

高 4.5 厘米　口径 16.8 厘米　足径 8.0 厘米

〖质地〗瓷

宋·龙泉窑豆青釉瓷洗

高 5.5 厘米　口径 17.3 厘米　足径 10.2 厘米

〖质地〗瓷

明·龙泉窑青釉三足瓷洗

高 8.4 厘米　口径 26.0 厘米

〖质地〗瓷

明·仿汝窑瓷洗

高 7.2 厘米　口径 8.1 厘米　底径 3.4 厘米

〖质地〗瓷

清·雍正款粉青三足瓷洗

高 3.9 厘米　口径 13.9 厘米

〖质地〗瓷

清·仿哥釉瓷洗

高 5.3 厘米　长 2.3 厘米　宽 8.1 厘米

〖质地〗瓷

清 · 铜胎掐丝珐琅洗

高 5.3 厘米　口径 13.7 厘米　底径 9.7 厘米

〖质地〗铜

清 · 瑞芝纹玉洗

高 7.0 厘米　口径 17.8 厘米

〖质地〗玉

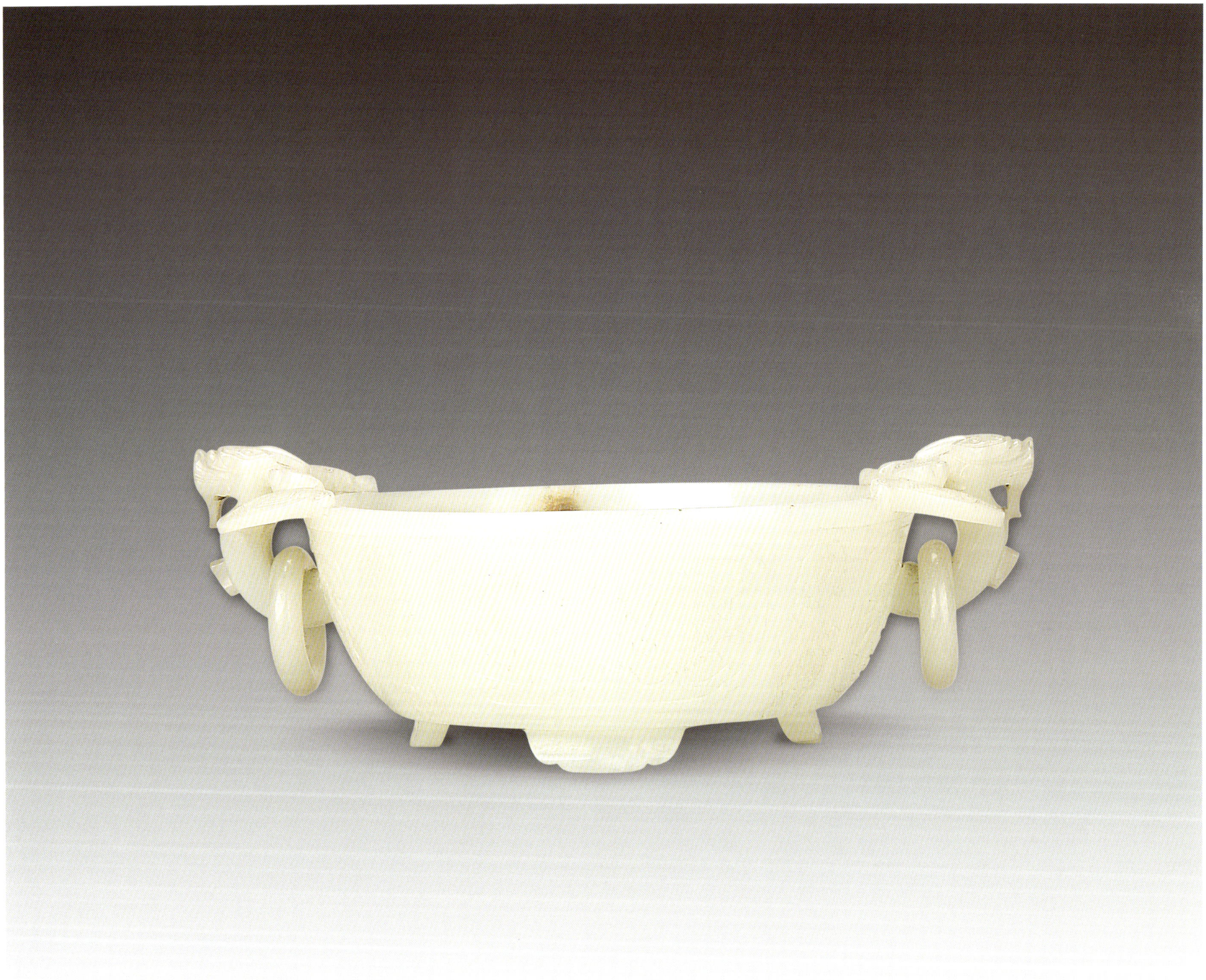

清·龙耳活环八宝纹四足玉洗

高 6.2 厘米　口径 15.5 厘米

〖质地〗玉

近代·佛手形玉洗

高 3.9 厘米　口径 8.4 厘米

〖质地〗玉

近代·双佛手形水晶洗

高 5.0 厘米　长 16.0 厘米　宽 14.0 厘米

〖质地〗水晶

臂搁

BI GE

正枕当星剑
收书动玉琴

清 · 松纹玉臂搁

高 0.3 厘米　长 14.1 厘米　宽 6.0 厘米

〖质地〗玉

清·牙雕红楼梦臂搁
长 31.0 厘米　宽 6.3 厘米
〖质地〗骨角牙

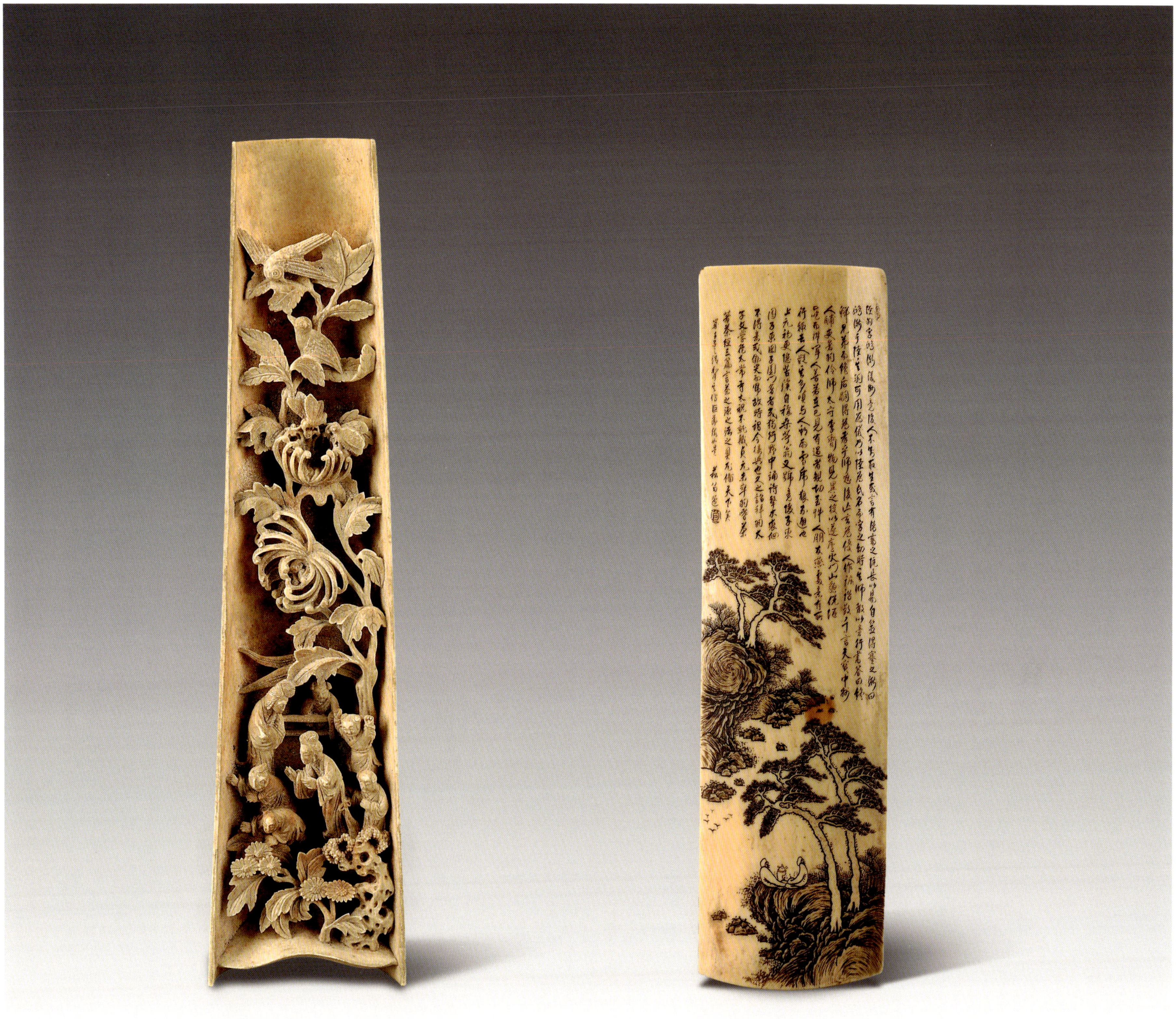

近代・牙雕人物花卉臂搁

高 3.0 厘米　长 26.0 厘米　宽 2.6 厘米

〖质地〗骨角牙

近代・牙雕人物山水臂搁

高 3.0 厘米　长 20.5 厘米　宽 5.8 厘米

〖质地〗骨角牙

印章

YIN ZHANG

佳人鬟雕文字工
藏书万卷胸次同

清·兽钮田黄石印章　蹇斋涉猎
边长 2.2 厘米　高 4.9 厘米
〖质地〗石

清·田黄石印章　苏台寄客
边长 3.6 厘米　高 5.6 厘米
〖质地〗石

清·寿山石印章　赵熙

长 0.9 厘米　宽 1.8 厘米　高 3.7 厘米

〖质地〗石

清·田黄石印章　怜我秋斋梦蝴蝶

边长 4.6 厘米　高 9.5 厘米

〖质地〗石

清·寿山石印章　邓石如字顽伯

边长 2.3 厘米　高 7.4 厘米

〖质地〗石

清·田黄石印章

臣蒋雨峰 宜身至前 迫事毋闲 愿君自发 对完印信

边长 1.9 厘米　高 4.1 厘米

〖质地〗石

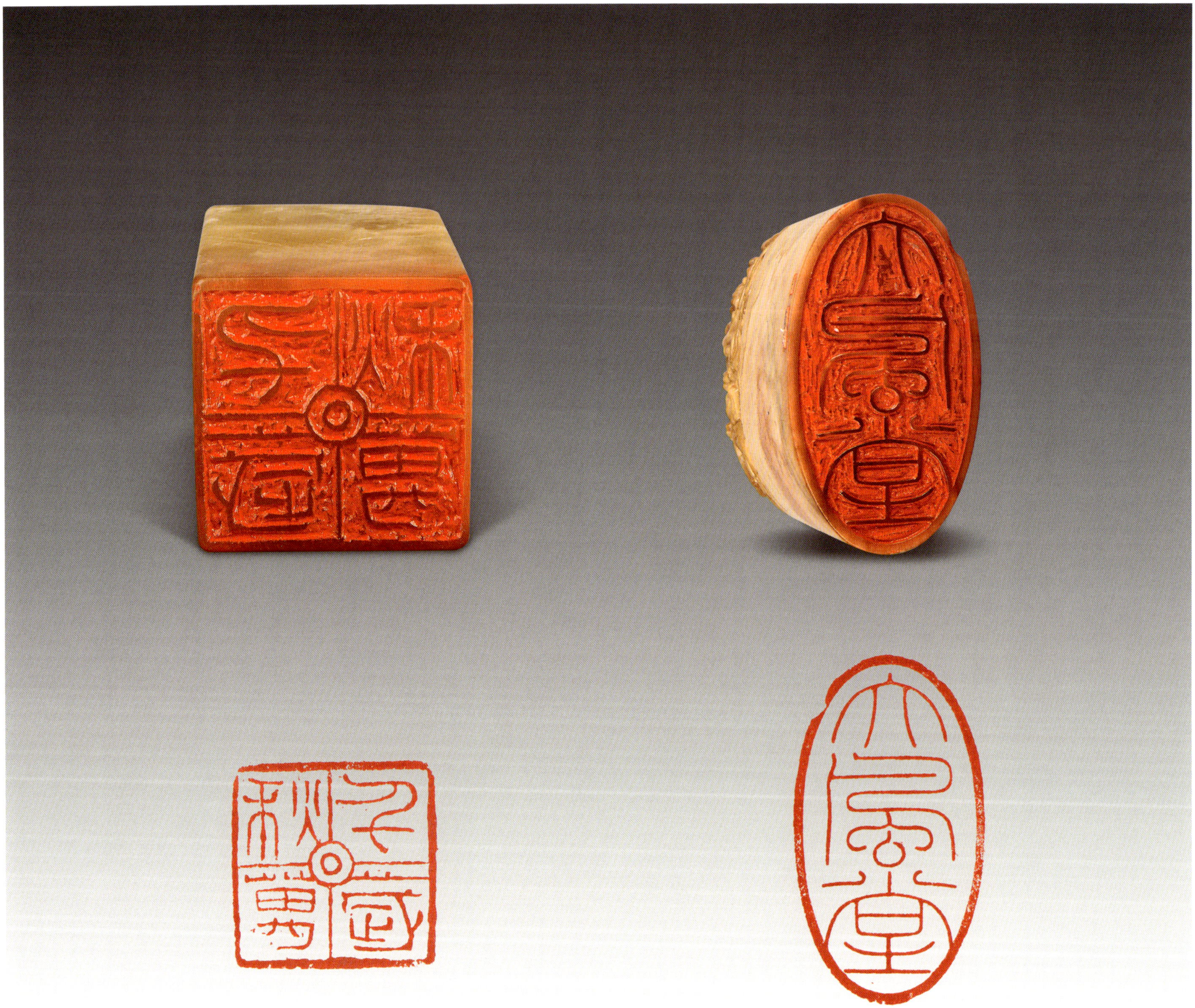

现代·寿山冻石印章　**千秋万岁**

边长 4.2 厘米　高 7.4 厘米

〖质地〗石

1946 年·陈巨来镂空兽钮寿山石印章　**大风堂**

长径 7.5 厘米　短径 4.3 厘米　高 11.1 厘米

〖质地〗石

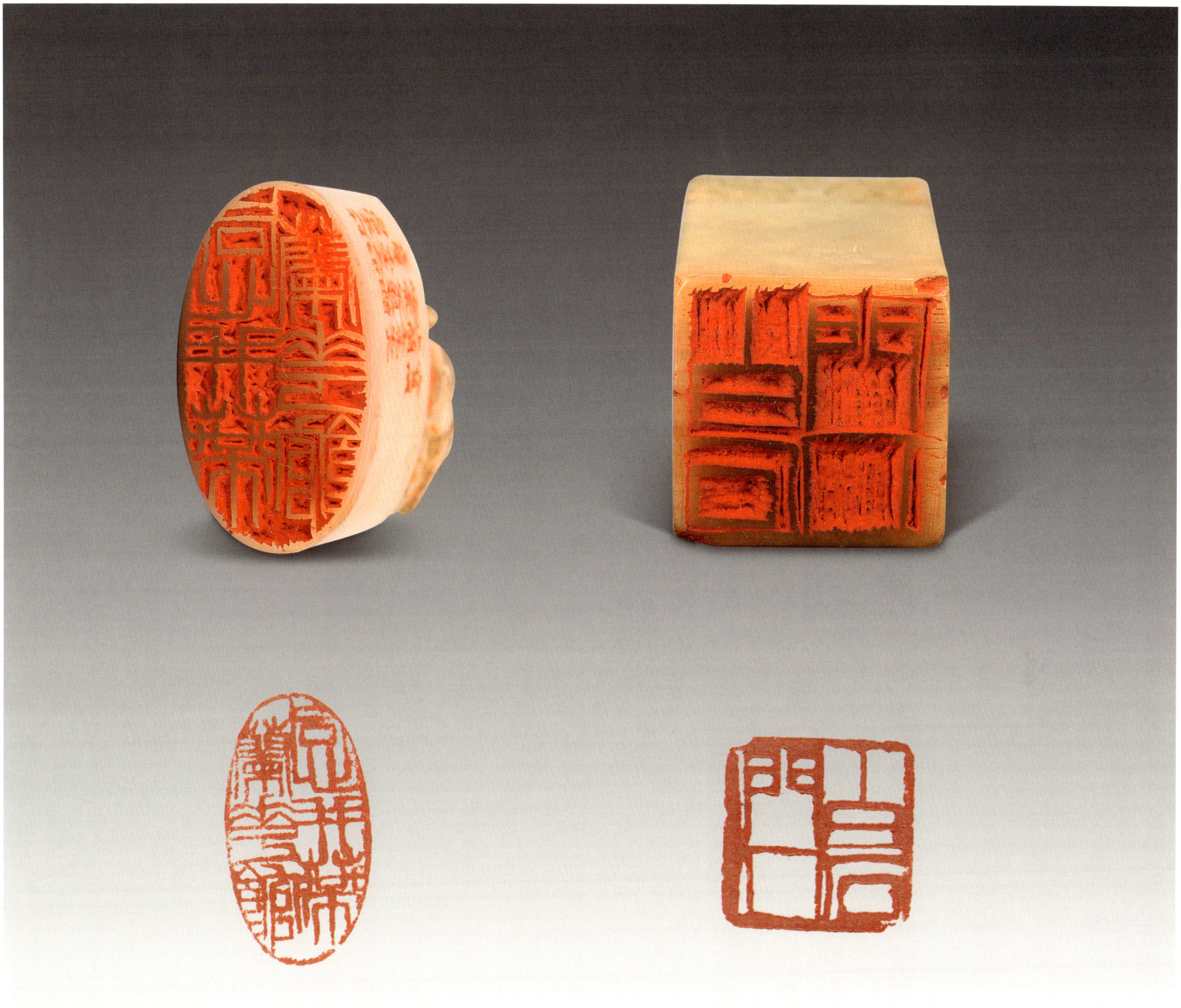

现代·兽钮白石印章　同心并蒂兰花馆

长径 4.0 厘米　短径 2.3 厘米　高 6.4 厘米

〖质地〗石

现代·齐白石治青田石印章　白石门下

边长 2.8 厘米　高 5.9 厘米

〖质地〗石

盒

HE

人间务备物
未易穷丹青

明 · 子刚款人物纹白玉带盖方盒

长 8.2 厘米　宽 8.2 厘米　高 4.5 厘米

〖质地〗玉

清 · 寿字纹玉盒

口径 6.3 厘米　底径 3.8 厘米　高 1.6 厘米

〖质地〗玉

清·白釉缠枝花纹瓷印盒

口径 8.5 厘米　底径 8.5 厘米　高 4.1 厘米

〖质地〗瓷

清・填漆描金勾莲蝙蝠葵花式攒盒

高 11.0 厘米　直径 43.6 厘米

〖质地〗木

清·剔红雕漆芙蓉圆盒
高 4.7 厘米　口径 8.5 厘米
〖质地〗木

清·五边形描金漆盒
高 7.2 厘米　长 11.3 厘米
〖质地〗木

清 · 康熙款豇豆红瓷印泥盒

高 3.7 厘米　口径 7.2 厘米　足径 3.8 厘米

〖质地〗瓷

清·乾隆款雕漆花果倭角盒

连盖高 7.8 厘米　盒盘径 14.8 厘米

〖质地〗木

清・卢葵生嵌螺甸漆葫芦形砚盒（带砚）

盒长 14.0 厘米　宽 9.8 厘米　高 2.8 厘米

砚长 12.7 厘米　宽 8.3 厘米　高 1.6 厘米

〖质地〗木　其他动物质

清·卢葵生黑漆长方形砚盒（带砚）

盒长 12.0 厘米　宽 8.0 厘米　高 2.5 厘米

砚长 10.7 厘米　宽 6.7 厘米　高 1.4 厘米

〖质地〗木

清 · 卢葵生嵌螺钿漆文房匣

长 25.4 厘米　宽 15.0 厘米　高 6.7 厘米

〖质地〗木　其他动物质

近代 · 仿乾隆抹红椭圆瓷印盒

口径 12.8 厘米　高 4.5 厘米

〖质地〗瓷

笔筒

BI TONG

翰筵佐清供
外朴内涵虚

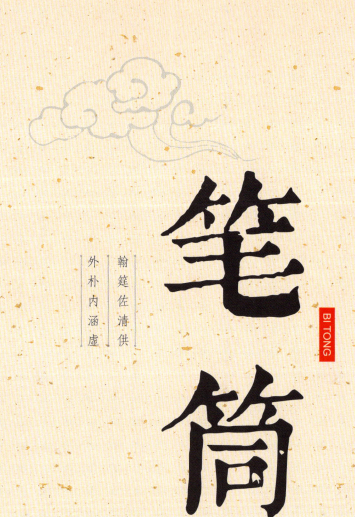

明·青花凤纹瓷笔筒

口径 8.0 厘米　底径 9.7 厘米　高 16.5 厘米

〖质地〗瓷

清·顺治青花“耕于历山”人物瓷瓶

口径 13.1 厘米　底径 12.2 厘米　高 41.7 厘米

〖质地〗瓷

清·康熙青花人物纹瓷笔筒

口径 19.0 厘米　底径 19.0 厘米　高 21.3 厘米

〖质地〗瓷

清·康熙仿成化款青花人物瓷笔筒

口径 19.1 厘米　底径 3.5 厘米　高 15.2 厘米

〖质地〗瓷

清・康熙五彩人物纹瓷笔筒

口径 17.6 厘米　高 15.2 厘米

〖质地〗瓷

清・康熙蓝釉描金梅花纹瓷笔筒

口径 11.6 厘米　底径 11.0 厘米　高 13.4 厘米

〖质地〗瓷

清·青花人物纹瓷笔筒

口径 19.0 厘米　底径 18.5 厘米　高 16.0 厘米

〖质地〗瓷

清·青花釉里红瓷笔筒

口径 10.0 厘米　底径 9.8 厘米　高 11.1 厘米

〖质地〗瓷

清·仿古木瓷笔筒

口径 10.1 厘米　高 13.4 厘米

〖质地〗瓷

明·竹雕人物笔筒

口径 14.8 厘米　高 17.7 厘米

〖质地〗竹

明·濮仲谦竹雕三顾茅庐笔筒

口径 12.7 厘米　高 14.0 厘米

〖质地〗竹

明·朱三松竹雕和合二仙笔筒

口径 9.1 厘米　高 15.2 厘米

〖质地〗竹

清·吴之璠竹雕松菴道人笔筒

口径 10.0 厘米　高 17.4 厘米

〖质地〗竹

清·吴之璠竹雕村竖牧牛笔筒

口径 8.0 厘米　通高 15.8 厘米

〖质地〗竹

清・竹雕瑶池献寿笔筒

口径 12.7 厘米　高 15.5 厘米

〖质地〗竹

笔架

BI JIA

工人莫献天机巧
此器能输郡国材

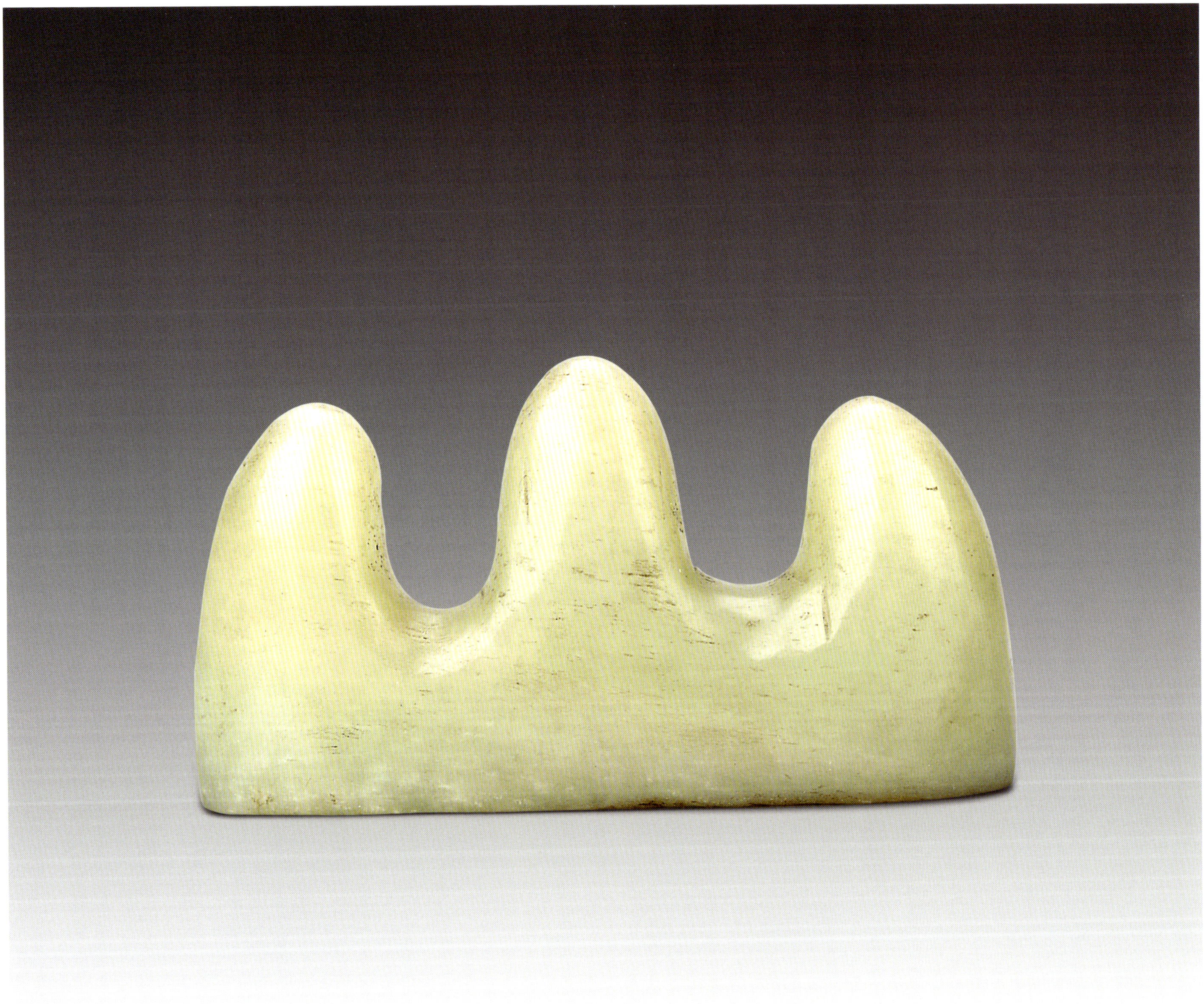

清・山形青玉笔架

高 4.1 厘米　长 7.9 厘米　宽 1.4 厘米

〖质地〗玉

清 · 梅雀纹珊瑚笔架

带座高 7.7 厘米　长 8.0 厘米

〖质地〗珊瑚

后记

笔墨纸砚等文房器具历来是文人墨客成就学业必不可少的伴身至宝，它们历经文哲先贤的赏玩和赞咏，从最初的实用工具逐渐演变为独具特色的艺术清供。如今，文房清供不仅因其自身的工艺属性释放出独特的艺术生命力，还因其背后所承载的厚重历史文化属性构筑着中国文人的精神家园。

鉴于此，四川博物院特依据部分馆藏组织出版本册《文房清供》，作为『书画成都』系列丛书的有机组成部分。在编辑本图册的过程中，彭代群、陈静、成吟、郭健、何家欢、刘舜尧、廖瑜、孙艺、魏飞雪、张丽华、张立锟、张琴等同志参与了具体工作，我们为诸位的辛勤付出致以诚挚的谢意。本书若存纰漏，恳请广大读者批评指正。